Cecilia in Psyche

Fatum in Manus Suas Sumens

A Latin Novella

Silvia Kaur Kang

Cover illustration by Lelagayle Eccleston

Erie, Pennsylvania
2026

Cover illustration by Lelagayle Eccleston

Interior illustrations by Julia Kaur Kang

ISBN: 9798218918736

Printed in the United States of America

Index Capitulōrum

Praefātiō

Cecilia in Psyche began as my independent academic project, something I worked on along with Latin and classical mythology during 2025, as a junior in high school. While reading Apuleius' version of Cupid and Psyche, question grew: why does Psyche have so little say in what happens?

This novella reimagines the myth through a modern lens by introducing a contemporary student who is drawn into the world of Roman mythology. Unlike Psyche, the protagonist enters the myth armed with prior knowledge of the story. This awareness allows her to challenge, and occasionally redirect the course of events, offering an alternative way of engaging with a familiar classical text. Fiction drives the story and its structure, yet the beings populating it trace back to old Roman legends. Inspiration comes not only from Apuleius but also from wider Greco-Roman literary traditions, shaped on purpose for today's learners of Latin. Language choices were made to feel approachable without losing grip on engaging flow.

I produced this Latin Novella, *Cecilia in Psyche*, as an educational text that invites students and teachers, to think critically about classical myths and their continued relevance in the 21st century.

I would like to express my sincere gratitude to my mentor, Dr. Joseph Michael Pucci, whose guidance and thoughtful feedback, throughout the long stretch of last year, on earlier drafts of this work were invaluable - in helping me refine the narrative structure, and encouraging me to publish my work..

I hope this piece will make Latin classrooms look at old myths with fresh eyes, without assuming they know what they mean. Questioning common thoughts sparks real wonder.

Silvia Kaur Kang

January 25, 2026

5

Acknowledgments

I am grateful to Dr. Joseph Michael Pucci for his thoughtful feedback on earlier drafts of this work, which helped clarify both its Latin and narrative structure. I am thankful as well to the illustrators whose artwork contributes an important visual dimension to the text.

About the Author

Writing matters to Silvia Kaur Kang because tales color how people expect identity and control to work. Because of this, she turns toward tales from antiquity tied to women, rewriting them so female characters act on their own will, guided by moral judgment. In Cecilia in Psyche, she shifts the usual path taken in such legends - where women rise or fall through compliance, or heartbreak - into something different. What if instead of wondering when Psyche would crawl back despite being wronged, the story makes her think about how she wants to move forward? This version doesn't treat suffering like devotion; it treats clarity and choice like survival. When old tales get new breath without burning them to ash, they can still burn with meaning but refuse to serve outdated ideas about who deserves space. Kang does not smash myths - she bends them slowly, asking what it means to have presence without being silenced by tradition.

About the Illustrators

Lelagayle Eccleston created the cover illustration for Cecilia in Psyche. A Jamaican-American self-taught learning artist with a big love for storytelling, she adores exploring ancient history and Greek mythology; which always spark her imagination and find their way into her art. When she's not sketching or painting, she's usually writing short stories and dreaming up new worlds. She likes to think that she captures a little bit of that magic, where history, fantasy, and heart all meet.

The interior illustrations were created by Julia Kaur Kang, a young artist whose work provides a complementary visual perspective to the text.

Lector Modernus et Mythos Antiquus

In Euborica Nova, puella nomine Cecilia habitat. Litteras classicas in universitate discit. Ergo, multa de mythologia Romana (Graeca) antiqua discit, et praecipue Psyche, mortali mythologica, ex mytho Eros et Psyche ab Apuleio scripto, fascinat. Interdum Cecilia miratur quomodo Psyche impedimenta sua superavisset si alia mythologia Romana, ut Arca Pandorae ab Hesiodo, Odysseus ab Homero, Iason et Argonautae ab Apollonio Rhodio, et Orpheus et Euridice ab Ovidio, nota fuisset. Fortasse Psyche sapientia mythologica ad se in itinere suo profuisset.

Cecilia semper cogitat, "Quid facerem si in Psyche essem? Quomodo omnia impedimenta quae Venus mihi imponeret superarem?" Cecilia scripta Apuleii de Erote et Psyche recensere vult.

Olim bibliothecam visitat ubi librum invenit: "Metamorphoses" sive "Asinus Aureus". Recordatur hunc librum circa thema transformationis et identitatis versari. Mythos Eros et Psyches illustrat quomodo amor incrementum personale et transformationem efficere possit. Initiale ignorantia et impedimenta Psyches iter eius in se ipsa intellegenda et identitatem invenienda reflectunt. Cecilia librum antiquum et fragilem ad paginam mythi Eros et Psyches aperit:

Subito, lumen per librum fulget, et Cecilia intra paginas eius inclusa est.

De Pulchritudine Psyches

Olim, in quadam terra, Rex et Regina habitabant qui tres filias habebant
—prima natu venusta propter corporis venustatem, secundam aeque
venustam propter ingenium et intelligentiam. Etiam pueri omnes has
duas admirabantur. Sed tempore procedente, rumor percrebuit tertiam et
minimam natu esse pulcherrimam trium. Nomen huius erat Psyche...
ipsa Aphrodite pulchrior erat... quidam, templa et cultum deae
spumosae desertis, venerunt et pulchram puellam venerabantur...
Amorem desiderabat, sed haec tantum distantiam inter eam et alios
homines creabant et amorem difficiliorem reddebant." Aegrota et sola
se sensit, et cum mox sorores eius, sermonem communem audientes,
invidiae et inimicitiae plenae essent, sola magis quam umquam se
sensit. Sed fama eius diffundi perrexit, et tandem ad aures magnae
Aphroditis ipsae pervenit.

This passage is translated by the author from The Story of Eros & Psyche (1923) by Edward Carpenter, a public-domain English retelling based on Apuleius' Metamorphoses. The text is available via Project Gutenberg:
https://www.gutenberg.org/files/70802/70802-h/70802-h.htm

Cecilia in librum trahitur

Cecilia: "AHH! Quomodo huc perveni? Ubi sum?"

Eros: "Quomodo oblita es quis sis? Tu es Psyche, principissa mortalis quae tam pulchra est ut homines te loco Veneris adorare coeperint."

Cecilia se in speculo spectat. Psyche ex mythologia Romana antiqua facta est! Persona in libro Apuleii facta est!

Eros: "Si oblita es, non licet tibi videre quis sim. Mea identitas secreta est."

Cecilia: "Non oblita sum! Memini si te in luce videre coner, me relinquere debebis."

Cecilia meminit se in universitate de antiqua Romana mythologia Eros et Psyche didicisse. Ex quo homines Psychen colere coepissent, Venus invidia facta erat et filio suo, Eroti, imperaverat ut Psyche viro nefario nuberet. Sed cum Eros Psychen vidisset, in eam amore captus est. Tandem Eros et Psyche amantes facti sunt. Infeliciter, Psyche Eroti non confidebat et de vera eius identitate curiosa erat. Praeterea, sorores invidiae Psyche Psychen ad hoc persuaserant. Ergo, lucernam accensam in eum illuminaverat ut videret eum esse Erotem, Veneris filium.

Itaque multi dies noctesque transierunt; et singulis noctibus Eros veniebat, et lectum ascendebat, et eam amore suo per horas tenebrarum implicabat; sed primo diluculo aurorae fugit—et Psyche faciem eius non vidit. Cum autem illa hoc doleret, et eum plus semel imploraret ut se revelaret et veram formam suam ostenderet, ille tantum respondebat: "Te oro, Psyche carissima, ne me in praesenti videre quaeras, aut me interrogare quis et quid sim — ne magnum malum nobis adveniat."

Similiter, Cecilia perita est in antiqua mythologia Romana de arca Pandorae. Sicut Psyche, curiositas Pandorae eam impulerat ut imprudenter ageret et arcam vetitam aperiret. Postquam Pandora arcam vetitam aperuerat, chaos per orbem diffusum erat.

De Spe Ultima in Amphora Relicta

"Sola Spes ibi remansit in domo inviolabili intra marginem magnae amphorae, nec per ianuam effugit; nam antea operculum amphorae eam impedivit, nutu Iovis Aegidem tenentis qui nubes colligit. Sed ceterae, innumerabiles pestes, inter homines vagantur; nam terra plena est malis et mare plenum."

This passage is translated by the author from the public-domain English translation of *The Homeric Hymns and Homerica*, attributed to Hesiod and Homer, accessed via Project Gutenberg: https://www.gutenberg.org/files/348/348-h/348-h.htm

Arca Pandorae eruditos modernos de periculis curiositatis sine sapientia admonuit. Itaque Cecilia ex scientia sua mythologiae Romanae antiquae discere et Eroti confidere constituit.

Cecilia scit sorores Psyches de vita eius luxuriosa cum amante secreto comperisse. Scit etiam sorores invidiam Psychen excitasse. Mox sorores Psyches Ceciliam visitant

De Periculo Amoris Ignoti

Sed illae, ut paratae, statim et gravi voce dixerunt: "Felicem sane es, cara Psyche, et beata in ignorantia tua. Ibi sedes, nescia periculi tui, nos autem qui te tam penitus curamus desperamus de eo quod te minatur. "Nam certo comperimus, nec diutius a te celare possumus, amorem tuum, qui te clam noctu implicat, nihil esse nisi serpentem malum naturae vilis et venenatae..."

This passage is translated by the author from the public-domain English translation by Samuel Butler, accessed via Project Gutenberg: https://www.gutenberg.org/cache/epub/1727/pg1727-images.html

Cum sorores Psyches eadem verba, quae in mytho originali Eros et Psyches dixerant, repetunt, Cecilia scit se decipi. Itaque cupiditati sororibus Psyches confidendi resistit. Meminit se de Cassandra, principissa Troiana, didicisse, quae prophetiam a deo Apolline acceperat, qui eam maledixerat ut verae eius praedictiones et monita neglegerentur. Cecilia sapientiam acquisiverat ex delicto Cassandrae discendo et intellegit eos qui circa eam sunt conari eam impedire ne veris monitis Eros confidat. Praeterea, Cecilia consuevit congressum Ulixis cum Sirenibus in Odyssea Homeri. Quamquam Odysseus sciverat voces Sirenum mortiferas esse, tamen cupiebat... audire eos. Odysseus se navi suae alligavit ut carmen Sirenum tuto audire posset, ne ei victima fieret, quod est insignis symbolum sapientiae et moderationis eius. Ergo Odysseus sciverat se suis impulsibus animi non confidere posse dum carmen Sirenum audiret.

De Cantibus Sirenum

"Haec verba maxime cantica cecinerunt, et cum ea ulterius audire cupiebam, frontem contrahens ad meos signa feci ut me liberarent; sed ictum acceleraverunt, et Eurylochus et Perimedes me vinculis etiam validioribus vinxerunt donec voces Sirenum audire omnino non potuissemus. Tum mei ceram ex auribus suis removerunt et me solverunt."

This passage is translated by the author from the public-domain English translation of *The Odyssey* by Samuel Butler, accessed via Project Gutenberg: https://www.gutenberg.org/cache/epub/1727/pg1727-images.html

Sicut Odysseus, Cecilia scit se suis impulsibus animi non confidere posse ut sororibus Psyches confidat. Cecilia tragicas consequentias fiduciae sororibus Psyches novit et momentum moderationis animi intellegit. Itaque desiderium suum sororibus credendi cohibet. Praeterea, Cecilia ex maledictione Cassandrae didicerat se a deceptione cavere debere. Cecilia sororibus auscultare simulat, sed clam probationes zelotypiae earum colligit. Loco eas aggrediendi vel stulte oboediendi, astutia sua, sicut Odysseus, utitur ad fidelitatem earum tentandam. Speculum fissum prope locum conventus ponit et falsam confessionem facit. Speculum fissum symbolum est imaginis sui mutatae et deceptionis. Cecilia callide speculum in conspectu relinquit ut videat an sorores eius id mentionem faciant, cum homines diffidentes suas diffidentias in alios plerumque proiciant. Praeterea, Cecilia simulat se credere amantem suum secretum deum fluvialem minorem cum forma monstruosa esse, quod est res quae non est ex mytho originali quem Cecilia in classe legerat. Cecilia scit si sorores hac re utantur ad eam persuadendum ut Erotem prodat,... Mentiuntur.

Cecilia: Salvete sorores meae dilectissimae! Quam benigne me visitastis!

Soror Maior: "Huc quam celerrime venimus, de vobis valde sollicitae sumus!"

Soror Minor: "Ita, volumus te bene valere cum amante tuo misterioso... Fractumne est speculum?"

Soror Maior: "Psyche, manifestum est condiciones vitae tuae non esse ideales... et specula sponte non franguntur."

Cecilia: "Triste fateor me quoque non commode sentire. Credo amantem meum monstrum esse! Suspicor eum deum fluvialem minorem esse, sed forma turpi. Quid faciam?"

Soror Minor: "Nos quoque valde suspicamur de identitate secreta amantis tui. Cur secretum esse debet si non est periculosus?"

Soror Maior: "Omnia nunc rationi consentanea sunt... Amator tuus monstrosus probabiliter tam puduit formae suae monstrosae ut speculum tuum consulto fregerit!"

Soror Minor: "Aliquid facere debes, Psyche! Veram eius identitatem invenire debes!"

Cecilia: "Gratias vobis ambabus pro consiliis vestris... certe actionem capiam."

Post aliquod tempus cum Erote habitandi, Cecilia de mytho Eros et Psyches, quem in schola legerat, cogitat. Non credit mulieres hominibus parere aut per officia pati debere ut vitam beatam mereantur. In mytho originali Eros et Psyches, quem Cecilia legerat, Venus Psyche seriem officiorum paene impossibilium dederat postquam Psyche fidem Eros prodidit et veram eius identitatem invenerat.

Postquam Psyche per haec officia perpessus est, Venus tandem decreverat se et Erotem iterum una feliciter vivere permittere. Venus Psyche mandaverat ut quattuor officia perficeret: magnum acervum granorum separare, lanam auream ab ovibus violentis obtinere, aquam ex flumine Styge petere, et pyxidem cremoris pulchritudinis a Persephone recipere.

De Muneribus Inferorum Impositis

"...sumendo grana et semina tritici, hordei, milii, papaveris, viciae, lentis et fabarum, et omnia in uno acervo miscendo, dixit: '...Sume hanc massam seminum confusam, et separa ea ... ante vesperum.' ...Sed simulac mane ortum est, vocavit..." Psyche iterum et ei novum negotium impone, periculo plenum: ...ut partem lanae aureae ab illis ovibus formidabilibus ... ira vexatae ... mortalium perniciosae obtineant. ..."Videsne cacumen illius montis alti? ...Affer mihi ...urnam plenam illius liquoris glacialis [e Styge] ..." ..."Te rogare debeo ut hanc arcam sumas et gradus tuos ad inferos convertas ...Arcam Persephone date ..."

This passage is translated by the author from The Story of Eros & Psyche (1923) by Edward Carpenter, a public-domain English retelling based on Apuleius' Metamorphoses. The text is available via Project Gutenberg: https://www.gutenberg.org/files/70802/70802-h/70802-h.htm

Cecilia perturbatur quod alii personae eam in mytho circumdantes adhuc credunt talia opera iusta fuisse. Non consentit cum decisione Veneris Psychen ad patiendum cogendi in mytho originali, et ita vult omnibus circumstantibus de iniusta natura operum loqui.

Cecilia: "Mulieribus non oportet parere ut fidelitatem suam probent, non oportet probationem egere ut veritatem suam probent, nec oportet pati ut beate vivant!"

In Olympo, Venus audit quid Cecilia de exspectationibus mulierum sentiat et id ut insolentiam videt.

Venus: "Aliquid non recte se habet..."

Venus irata quod non tantam auctoritatem divinam habet

Fata et Exspectationes Deorum

Venus divinam intuitionem habet et sentit nexum inter filium suum, Erotem, et Psychen, principissam mortalem, modo e suo imperio dissolvi. Parcas visitare constituit. Parcae tres deae sunt: Clotho, Lachesis, et Atropos. Fila fati et destinati omnibus entibus, tam mortalibus quam divinis, regunt. Dum dii a Parcis consilium et responsa petere possunt, cursum praedictionum Parcarum afficere non possunt.

Venus: "Vires meae divinae tenacitatem in Psychen laxant. Haec mulier mortalis a diis vel ab ullo moveri videtur, et puto eam actiones aliorum movisse. Non puto mores Psychen cum fato congruere. Haec mortalis dolorem spernit, proditionem negat, et voluntatem amoris ipsius flectit. Aliquid huic mytho fecisti?"

Clotho: "Quae veniunt, torquemus." "Non omne filum bis eodem modo torquetur."

Lachesis: "Scientia non ex hoc mundo nata ambulat. Ea scientia exemplar mutat."

Atropos: "Exspectasti ut dolorem ad litteram sequeretur. Sed atramentum in dubium vocat."

Clotho: "Mortalis quae suum mythum meminit iam non est persona."

Lachesis: "Textrix fit."

Atropos: "Nec filum textoris secamus donec eius tapetia perfecta sint."

Clotho: "Eam scripsisti ut frangeret. Illa aedificare eligit. Id non nostrum est, sed eius."

Venus intellegit Psychen fortasse non tam ignaram et simplicem esse quam putaverat, et fortasse omnino non esse Psychen. Aliquis alius fortasse mythum texat sub specie Psyche! Potestas Veneris innititur suppositioni fati fixi esse, sed Parcae aliam fabulam narraverunt, etiam fatum audacibus vocibus auscultare. Venus eadem munera offerre constituit quae in mytho originali, sed hac vice eas non ex crudelitate coegit, sed ut divina provocatio ad audacem Caeciliae assertionem confirmandam.

Venus ad Caeciliam accedit.

Tentationes Passionis

Venus: "Num amor et ratio simul existere possunt? Num mortalis mulier fatum rescribere potest et deos adhuc honorare?"

Caecilia: "Num fatum rescribere?"

Venus: "Parae mihi dixerunt te hanc fabulam texere... Scio te secretum grave a me celare, sed etiam demonstrasti unam vocem fortem ipsum fatum concutere posse." Ergo, quattuor tibi munera proponenda sunt ad assertionem tuam confirmandam: magnum acervum granorum separare, lanam auream ab ovibus violentis obtinere, aquam ex Styge flumine petere, et pyxidem cremoris pulchritudinis a Persephone recuperare. Nuper, divina mea potestas in hoc mytho imminuta est... Et puto haec munera non solum tibi occasionem heroicam datura, sed etiam mihi permittentura ut divinam meam dominationem in actionibus tuis recuperem."

Cecilia: "Bonitas superat munera difficilia."

Cecilia miratur quid Parcae sibi vellent cum eam textricem huius mythi appellaverunt. Subito librum antiquum et fragilem invenit, similem ei quem in bibliotheca aperuerat. Cecilia intellexit se eundem librum invenisse quem in bibliotheca invenerat! Librum aperit ad paginam mythi Eros et Psyches. Hoc tempore non ab paginis libri absorbetur. Mythum in libro legit, sed differt a mytho quem in classibus universitatis didicerat! Novus mythus qui in libro scriptus est Psychen includit quae Erotem prodere recusat, sorores suas astute superat, et audacter affirmat mulieres fide dignas esse. Praeterea, novus mythus qui in libro scriptus est non perfectus est. Finitur cum Venere Psyche dicat se quattuor munera ei dare ut videat num Psyche audacem suam assertionem confirmare possit necne.

Cecilia intellegit se, a mytho aberrando, mythum in tempore reali rescribere incipere et Venerem huic narrationis mutationi resistere sicut gravitas volatui resistit. "Non modo..." "In hoc mytho, ego unum emendo," cogitavit Cecilia. Hac recognitione, Cecilia se potentem sentit ad heroice Veneris munera perficienda et ad demonstrandam suam sententiam, scilicet mulieres non debere pati ut vitam beatam vivant, non debere probationibus ut suam honestatem probent, nec debere aliis parere ut se ipsam probent fidelitatem suam.

In mytho originali Eros et Psyches, Psyche, auxilio animalium et deorum, munera Veneris feliciter perfecerat.

De Auxilio Naturae et Iovis

...formica parva, e terra prospiciens, ... totam formicarum tribum
convocavit ... et cum infinita industria totum acervum separavit ... Tum
... aquila ferox et regia, avis Iovis ... conspexit et ad eam volavit ...
'Psyche,' inquit ... 'Da mihi poculum.' Tum ... alis validis ... ad fontem
pervenit, et poculum implens, rediit et Psyches dedit.

This passage is translated by the author from The Story of Eros & Psyche (1923) by Edward Carpenter, a public-domain English retelling based on Apuleius' Metamorphoses. The text is available via Project Gutenberg:
https://www.gutenberg.org/files/70802/70802-h/70802-h.htm

In mytho originali Eros et Psyches, formicae Psychen adiuverant ad acervum impossibilem granorum mixtorum separandum et aquila Zeus aquam glacialem e flumine Styge perfido hauserat. Sed hoc auxilium passivum fuerat. In mytho originali, Psyche munus activum et heroicum in muneribus Veneris perficiendis non susceperat. Cecilia modum magis heroicum perficiendi munera denuo imaginatur. Cecilia fabulam de Iasone et Argonautis, ab Apollonio Rhodio scriptam, meminit. Iason manipulum congregaverat ut eum in suo itinere heroico adiuvaret

De Cultu Apollinis et Concordia Sacra

...circa sacrificium ardens amplum circulum saltationis constituerunt, cantantes, "Salvete, deus pulcher medicinae, Phoebe, salvete," et cum eis filius Oeagri pulcher clare in lyra Bistonica incepit... Et nulla nisi Lato, filia Coei, eos manibus caris pulsat. Et saepe nymphae Coryciae... Nunc, cum eum saltatione et cantu celebravissent, sacris libamentis iuraverunt, se semper inter se concordia cordis adiuturos, sacrificium tangentes dum iurant...

This passage is translated by the author from the public-domain English translation of The Homeric Hymns and Homerica, attributed to Hesiod and Homer, accessed via Project Gutenberg: https://www.gutenberg.org/files/348/348-h/348-h.htm

Cum Cecilia de Iasone et Argonautis in classibus universitatis didicerat, scit manipulum inter se per difficultates adiuvisse. Si Cecilia manipulum haberet qui se per Veneris munera adiuvaret, heroice demonstraret mulieres dignas esse fide et meliorem victum adipisceretur, se liberando onere fidei et honestatis suae probatae. Cecilia intellegit cooperationem heroas magnos facere.

De Animi Firmitate Inter Terrores

...Et cor eius intus calefactum est ad clamorem eorum, atque iterum inter eos aperte locutus est: "Amici mei, in vestra virtute animi mei recreantur. Quare nunc, etsi per sinus Orci iter faciam, non amplius metum me occupare sinam, cum inter crudeles terrores constantes sitis."

This passage is translated by the author from the public-domain English translation by Samuel Butler, accessed via Project Gutenberg: https://www.gutenberg.org/cache/epub/1727/pg1727-images.html

Fabula Iasonis et Argonautarum etiam Cecilia docet operam communem omnibus sodalibus turmae prodesse. Hoc in casu, Iason exprimit fortitudinem turmae suae suam fortitudinem auxisse et unitatem turmae se in periculis superandis firmare. Opera communis est ars magni momenti quam ducibus discere debent, et si Cecilia vult Psychen heroinam fortem in novo mytho esse, bene cum turma laborare debet. Sicut Iason, Cecilia socios divinos, mortales et mythicos quaerit.

Electio et Actio Feminarum

Postquam palatium suum luxuriosum reliquit et ad primum Veneris munus se paravit, Cecilia auram precatur quae olim eam tuto ad domum Cupidinis vexit. Meminit antiquae traditionis Romanae gratias ventis susurrandi in dedicationibus templorum. Mox Cecilia invenit sacellum vitibus nigris ornatum, Aurae, spiritui aurae, dedicatum. Aura est nympha aeris minor, quam Ovidius in Metamorphosibus suis commemorat ut spiritum qui olim Psychen portavit. Cecilia sacellum purgat, sertum florum silvestrium relinquit, et precem ex memoria quam in classe Latina legerat recitat.

Cecilia: "Me ad amorem portasti. Nuncne me ad robur portabis?"

Aura gaudet quod memoria eius est. Cum Cecilia precari ad Auram finivit, oculos aperit ut figuram argenteam, susurrantem in eius fonte videat.

Cecilia Auram convenit

Aura: "Salve Psyche, laeta fui te ad amorem tuum ducere et nunc laeta sum te adiuvare ut robur tuum invenias. Misericordia tua pro purgando sacellum meum et gratia pro auxilio meo me de bona natura tua persuaserunt. Praeterea, curiosa sum videre quid mulier mortalis faciat cum audet ventum rescribere."

Cecilia: "Gratias tibi ago maximas quod mihi auxilium dedisti et mihi confidis ut iter meum perficerem. Venus mihi quattuor officia dedit: magnum acervum granorum separare, lanam auream ab ovibus violentis obtinere, aquam ex flumine Styge petere, et pyxidem cremoris pulchritudinis a Persephone recipere. Promitto me officia feliciter perficere. Te non deseram."

Dum Aura et Cecilia perfugium quaerunt, humilem villam rusticam inveniunt. Subito Aura videt furiam minorem quae ancillam Veneris similis erat.

Aura: "Cecilia! Credo te furiam illam quaerere!"

Cecilia: "Nullus locus est ubi me occultem! Nescio quid faciam!"

Subito, puella rustica ad Auram et Ceciliam accedit.

Puella Rustica: "Salve! Nomen mihi est Livia. Video furiam te quaerere…Locum occultum optimum novi."

Cecilia: "Gratias tibi ago, Livia!"

Livia Ceciliam et Auram in villam suam proximam ducit.

Livia: "Vos puellae non agnosco." "Num modo ad vicum nostrum advenisti?"

Cecilia: "Ita, quattuor officia, quae Venus mihi dedit, perficienda sunt. Dixeram mulieres non debere aliis parere ad fidem suam probandam, non debere probationes ostendere ad honestatem suam probandam, et non necesse est eis pati ut vita beata digni sint. Hae sunt exspectationes quas societas in mulieres posuit, et ego liberas esse debere puto. Itaque Venus meam assertionem ut insolentiam vidit et quattuor mihi munera dedit: magnum acervum granorum separare, lanam auream ab ovibus violentis obtinere, aquam ex Styge flumine petere, et pyxidem cremoris pulchritudinis a Persephone recipere. Ipsa etiam secretum meum novit. Ego fabulam huius fabulae rego. Eius divinam potestatem in actiones meas provoco. Ut mortalis, tantum potestatem in progressu huius fabulae habere non debeo, sed res feci quibus Venus non assentitur. Praeterea, Venus Parcas visitaverat, quae dixerunt me hunc fabulam rescribere. Fabula a forma originali mutata est et ego sum quae eam muto. Una ex his mutationibus est audax mea assertio de iuribus mulierum. Alia causa cur Venus mihi haec munera dedit est ut suum imperium in me restituat. Itaque haec munera perficere debeo ut audacemmeam assertionem confirmem et hunc fabulam penitus rescribam. "Aura et ego huc venimus ut perfugium quaereremus quo nos ad quattuor munera parare possimus."

Livia: "Nonne trepidas? Te paras? Te adiuvare volo... Nescio an tam potens sim quam Aura, sed in visionem tuam credo et partem fabulae maioris quam metus esse volo."

Cecilia: "Bene venisti! Gaudemus te habere!"

Postquam in villa Liviae perfugium ceperunt, Cecilia et eius turma ruinas horti-templi ruinosi, olim Florae dedicati, inveniunt. Templum in valle a tempore oblita latet. Cecilia meminit se de Floralia in lectione Latina universitatis legisse. Floralia est celebratio quae colores claros, risum, saltationem, et gaudium in facie chaos complectebatur. Praeterea, celebratio Floralia in honorem deae Romanae, Florae, habetur. Flora est dea florum, fertilitatis, et renovationis vitae. Festum eius vernum, Floralia, a die XXVIII Aprilis ad diem III Maii celebratur. Cum Cecilia sciat Floraliam gaudium resilientem repraesentare, petala delapsa colligit, in coronam innectit, et carmen Floraliae, quod ab universitate semi-memoratum est, recitat. Saltationem ritualem nudis pedibus in horto ruinoso peragit, quamvis defatigata sit.

Cecilia: "Hoc non est carmen ad supervivendum, sed ad gaudium. Ad deam quae colorem affert ubi dolor floret."

Quolibet gradu, flores renascere incipiunt – non solum corpore, sed etiam quasi responsio ad actum spei Ceciliae. Subito, ex columna vitis tecta, figura lente apparet – gratiosa, floribus velata, odorem pluviae vernae ferens. Flora est! Flora Ceciliae arridet.

Cecilia Floram convenit

Flora: "Non me cum timore, sed cum gaudio meministi. Rarum fidei genus est. Te video ut aliquem qui per gratiam, non per dominationem, ducere potest. Te in itinere tuo per perspicaciam affectivam et strategicam adiuvabo."

Cecilia: "Aeternaliter grati sumus pro gratia et auxilio tuo. Gratias tibi ago."

Cum tribus aliis sodalibus, Cecilia parata se sentit ad primum Veneris munus perficiendum, nempe acervum impossibilem granorum mixtorum, hordei, lentis, milii, et cetera, ante lucem separandum. Flora scientia sua botanica utitur ad subtiles differentias inter grana et semina discernendas – Ceciliae docendo quomodo ea sicut plantas "legat". Interea, Livia systema separationis efficax, a technis agriculturae Romanae inspiratum, coordinat et creat. Livia etiam incolas locales adhortatur ad adiuvandum grana separanda. Aura leniter semina leviora in acervos suos respective flat, processum separationis accelerans. Hoc munus Ceciliae docet ducatus non esse de aliis imperando – sed de audiendo, ordinando, et eis confidendo ut vires suas afferant. Fit stratega.

Cecilia et eius turma transeunt lucum prope pratum Aurei Velli. Cecilia melodiam malignam audit. Ergo, eam sequitur et satyrum silvestrium invenit. Satyrus solus saltat et ebrius reliquiis vini festi. Cecilia melodiam tibiae canit, quam in universitate ad oblectationem didicerat. Satyrus silvestris stupet et laetatur quod mortalis suum... musica.

Faunus melodiam tibia calamo canens

Satyrus: "Nemo eam cecinit ex quo Bacchus taedio affectus est!"

Cecilia: "Amo hanc musicam! Quid tibi nomen est?"

Satyrus: "Faunus nomen mihi est. Deus Romanus sum agrorum, pecudum et fertilitatis. Praeterea, interdum cum deo Graeco, Pane, coniungor. Quid de te?"

Cecilia: "Psyche nomen mihi est. Haec est Aura, spiritus aurae et haec est Livia, mortalis qualis ego sum. Una sumus in missione ad quattuor officia perficienda quae Venus mihi dedit: magnum acervum granorum separare, lanam auream ab ovibus violentis obtinere, aquam ex flumine Styge petere et pyxidem cremoris pulchritudinis a Persephone recipere. Iucundum est te convenire!"

Faunus: "Tam benigne me tractasti et musicam meam cecinisti! Vellem te adiuvare cum quibusvis animalibus vel distractionibus in itinere tuo. Etiam animum sustinere possum!"

Cecilia: "Gratias tibi ago quam maximas, Faune! Eamus!"

Ut Cecilia secundum Veneris munus perficiat, lanam auream ex arietibus mortiferis sine impetu recuperare debet. Faunus divina sua cum animalibus affinitate utitur ad alliciendum et arietes aggressivos sedare. Tibiis canit, eos in rhythmicam transcendentiam abstrahens. Aura invisibiliter per pratum fluitat ut vellera in vepres haerentia colligat. Omnem contactum directum cum arietibus vitat. Interea, Flora nebulam herbarum tranquillam, polline florum utens, creat, quae arietes in somnolentiam sopiunt. Hoc munus Ceciliae docet fortitudinem non esse temerariam, sed scire quando alios ducere sinendum sit, et quando leni robori super violentiam confidendum sit.

Ut viam ad flumen Stygem inveniat, Cecilia Volturnum quaerit. Deus fluvialis Italiae centralis parum memoratus est, qui olim a tribubus localibus et Romanis primis veneratus est antequam cultus eius a maioribus Olympicis obscuratus est. Cecilia ad sacellum fluminis neglectam iter facit, murmurans et semisepulta. Illud manu purgat et liba ex sua ampulla obtulit, ritus Romanos pro deis oblitis observans. Precem libationis a se ipsa factam susurrat, ex Latina lingua antiqua quam in textibus antiquis in universitate legerat hauriens.

Cecilia: "Ad flumen quod olim per valles canebat, aquam silentio tuo adfero."

Subito, e nebula, figura aquae et lapidis detriti similis lente ex alveo fluminis surgit. Volturnus est! Volturnus amarus est, cultores et momentum amissis.

Volturnus: "Quid anima vivens a flumine mortuo vult? Loqueris quasi nomen meum adhuc valeat."

Cecilia: "Te non oblita sum. Flumen tuum recordata sum. Alii fortasse obliviscar, sed ego non obliviscar. Flumen Stygem invenire conamur. Venus mihi quattuor officia dedit: magnum acervumgranorum separare, lanam auream ab ovibus violentis obtinere, aquam e Styge et flumine petere, et pyxidem cremoris pulchritudinis a Persephone recipere. Auxilio tuo, ductu tuo, et transitu tuo vere uti possemus."

Volturnus: "Miror te meminisse quis sim! Video etiam te humillime esse quod me invitas ut potestatem meam ut domina aquarum recuperem. Libenter te et turmam tuam ad flumen Stygem ducam, non quia id a me postulas. Dignitatem memoriae meae reddidisti et tibi gratias ago."

Ut tertium opus Veneris perficiat, Cecilia aquam ex Styge letali flumine reducere debet, quo nullus mortalis accedere potest. Volturnus antiquam suam cum spiritibus fluvialibus coniunctionem adhibet ut viam tutam et sacram per ripas exteriores Stygis aperiat. Lingua fluviali loquitur ut iram eius sedet. Interea, Flora Ceciliam floribus sacris Orci circumdat, ita essentiam suam mortalem satis diu celans ut inobservata transeat. Livia suum monile offert quasi permutationem – rem amoris humilis – ut tributum ad ripam fluminis persolvat, ostendens non solum potestatem Stygem transire posse, sed etiam sacrificium. Hoc opus Ceciliae docet ut reverentia virium mortis – et eorum qui silentium affecti sunt – transitum tutum praebeat ubi superbia deficeret.

Rescriptio Mythi

Tandem tempus advenerat Caeciliae ut ultimum munus perficeret. Ut Caecilia quartum munus Veneris perficeret, ei necesse erat ad Orcos descendere et cum arca redire quae divinam pulchritudinem Persephone continebat – sine ea aperienda. Flora Caeciliae amuletum dat ex floribus vernis factis qui solum in luce lunae florent. Hoc amuletum pulchritudinem interiorem repraesentat et Caeciliae propositum suum admonere debet: non vanitatem, sed amorem. Livia Caeciliam amplectitur antequam descendat et dicit: "Noli oblivisci quis sis – non quem tibi dixerunt esse." Praeterea, Livia Caeciliae epistolam Latine scriptam relinquit. Interea, Aura Caeciliam tuto deorsum et iterum sursum ducit, eam a susurris et illusionibus perturbantibus protegens. Volturnus Caeciliam certiorem facit ut via reditus ab Orcis per fontem purificatorium transeat, ita Caeciliam admonens ut ea quae portat dimittat antequam in mundum regrediatur. Hoc munus Caeciliam docuit se non amplius pulchritudine divina indigere ad amorem merendam. Dignitatem, claritatem, et propositum acquisivit – et haec erant magis diuturna quam incantatio.

Cecilia meminit in mytho originali Eros et Psyches, Psychen arcam Persephones aperisse et dormivisse.

De Ultima Tentatione Psyches

Sed etiam hic ultima tribulatio eam expectabat. Nam etiam postquam per Vallem Horribilem tuto transiisset et rediisset, misera Psyche, nondum liberata, arca quam portabat contenta superata est. Cupiditate capta cognoscendi quid in ea esset et pulchritudinis eius copiam participandi, eam temere aperuit. Sed arca nullam particulam pulchritudinis continebat, sed tantum Somnum infernalem et mortalem, imaginem Mortis e cuius regno extracta erat: et haec, e carcere suo liberata, statim super eam se effudit, membra eius densa somnolentiae nube perfundens, donec prostrata et sine motu iaceret, velut cadaver exanimatus.

This passage is translated by the author from The Story of Eros & Psyche (1923) by Edward Carpenter, a public-domain English retelling based on Apuleius' Metamorphoses. The text is available via Project Gutenberg:
https://www.gutenberg.org/files/70802/70802-h/70802-h.htm

Ut novum mythum Eros et Psyches penitus rescriberet, Cecilia tentationi resistere constituit, memor quomodo Narcisses periisset quod imaginem suam amaverat et quomodo Orpheus defecisset quod nimis cito respiciens. Ergo, Cecilia arcam intactam Veneri tradere constituit.

Postquam omnia quattuor officia feliciter perfecit, Cecilia rediit Veneri. Redit, rescripsisse quid sit heroina esse in mythologia Romana: non per oboedientiam, sed per communitatem, memoriam, et fortitudinem. Cecilia in templo Veneris stat, mutata periculis suis. Arca pulchritudinis intacta manet in manibus eius, flores in capillis eius non marcuerunt, fessa est, sed integra. Subito, liber in mundo reali lucere incipit.

Amici Caeciliae et illa victoriam celebrant

Venus apparet in plena forma divina, excaecans et furiosa, sed cum aliquo alio in oculis suis: confusione.

Venus: "Destinata eras deficere. Destinata eras in dubium, invidiam, vanitatem cadere -- sicut omnes mortales ante te. Sed recusasti rite pati. Ventum superasti, bestias domasti, quod oblitum erat honorasti, et in mortem ambulasti sine te amittendo... Pericula mea perfecisti sine amore prodente, sine potestate implorando, sine fato tuo execrando... Non facta es quod te formavi esse... et tamen, hic stas. Quid es?"

Cecilia: "Ego sum quod fabula tua numquam spatium dedit. Anima quae amat sine se amittenda. Mythos qui meminit."

Venus: "Bene. Fabula mutata est. Fortasse Parcae filum suum integrum servabunt. Sed scio hoc -- immortalitas deos non mollit. Doceo eos diligenter observare... Fortasse ego quoque formata sum fabula quae mihi dixit amorem dolere debere. Fortasse... hic mythus plus quam dolorem requirebat. Abi. Non solum animam tuam, sed fabulam tuam meruisti."

Venus discedit. Potestas eius adhuc integra est, sed potestas eius in mythum fracta est.

Subito, Cecilia eundem librum quem in bibliotheca invenerat animadvertit. Aperit eum et novus mythus Eros et Psyche est prorsus iter quod Cecilia scripserat. Paginae in libro sponte verti incipiunt, et mox Cecilia in mundum realem redit. Cecilia in bibliotheca stat quasi nihil accidisset, quasi non per novum iter mythus Romani antiqui processisset. Librum iterum aperit, et mythus rescribitur.

Mythos cum Cecilia et novis amicis rescribitur.

WORKS CITED

Carpenter, Edward. *The Story of Eros & Psyche*. 1923.

Project Gutenberg, eBook no. 70802,

www.gutenberg.org/files/70802/70802-h/70802-h.htm

Homer. The Odyssey. Translated by Samuel Butler, Project Gutenberg, eBook no. 1727,

https://www.gutenberg.org/cache/epub/1727/pg1727-images.html

Hesiod, and Homer. *The Homeric Hymns and Homerica*. Edited by Hugh G. Evelyn-White.
Public-domain English translation. Project Gutenberg, 2008.

https://www.gutenberg.org/files/348/348-h/348-h.htm

OPERA AD ULTERIOREM LECTIONEM

(Works for Further Reading)

Haec sunt opera authentica quae ad compositionem huius novellae maxime contulerunt.

Eros et Psyches

> Apuleius, *Metamorphoses*

Arca Pandorae

> Hesiod, *Opera et Dies*

Odysseus et Sirenes

> Homer, *Odyssey*

Iason et Argonautae

> Apollonius Rhodius, *Argonautica*

Orpheus et Euridice

> Ovid, *Metamorphoses*

> Virgil, *Georgics*

De Diis et Heroibus

> Edith Hamilton, *Mythologia: Fabulae Aeternales De Dis et Heroibus*

PERSONAE

Cecilia--puella moderna

Flora--dea florum

Livia--puella rustica

Faunus--satyr

Volturnus--deus fluvialis mediae parum memoratus

Venus--dea pulchritudinis

Eros--deus amoris et passionis

INDEX VERBORUM

ADVERBS

Interdum--Sometimes

Sane--certainly, indeed (often ironic)

Statim--immediately, at once

VERBS

Accendo, accendere, accendi, accensum--to light

> Accendendae sunt.--They are to be lit.

Aperio, aperire, aperui, apertum--to open

> Aperisne illud?--Are you opening it?

> Aperit.--He/she/it opens.

> Aperio.--I open.

Audio, audire, audivi, auditum--to hear

> Audisne?--Do you hear?

> Audit.--He/she/it hears.

> Audio.--I hear.

Capio, capere, cepi, captum--to take, seize, catch

> Capesne?--Do you take?

> Capit.--He/she/it takes.

> Capio.--I take.

Caveo, cavere, cavi, cautum--to beware, to be careful

Cavesne?--Are you careful?

Cavet est.--He/she/it is careful.

Caveo.--I am careful.

Colo, colere, colui, cultum--to worship, to cultivate

Colisne?--Do you cultivate?

Colit.--He/she/it cultivates.

Colo.--I cultivate.

Compleo, complere, complevi, completum--to complete

Complendae sunt.--They are to be completed.

Confido, confidere, confisus sum--to trust

Confidisne?--Are you trusting?

Confidit.--He/she/it trusts.

Confido--I trust.

Conor, conari, conatus sum--to try, to attempt

Conarisne?--Are you trying?

Conatur.--He/she/it tries.

Conor.--I try.

Cupio, cupere, cupivi, cupitum--to desire

Cupisne?--Do you desire?

Cupit.--He/she/it desires.

Cupio.--I desire.

Decipio, decipere, decepi, deceptum--to deceive

Decipisne?--Are you deceiving?

Decipit.--He/she/it is deceiving.

Decipio.--I am deceiving.

Deficio, deficere, defeci, defectum--to fail, to desert

Deficisne?--Do you fail?

Deficit.--He/she/it fails.

Deficio.--I fail.

Dubito, dubitare, dubitavi, dubitatum--to doubt

Dubitasne?--Do you doubt?

Dubitat.--He/she/it doubts.

Dubito.--I doubt.

Effugio, effugere, effugi, effugitus--to flee, to escape

Effugisne?--Are you escaping?

Effugit.--He/she/it escapes.

Effugio.--I escape.

Exspecto, exspectare, exspectavi, exspectatum--to wait for, to expect

Exspectasne?--Do you expect?

Exspectat.--He/she/it expects.

Exspecto.--I wait.

Fallo, fallere, fefelli, falsum--to deceive, to trick

Fallisne?--Do you deceive?

Fallit.--He/she/it deceives.

Fallo.--I deceive.

Fascino, fascinare, fascinavi, fascinatum--to enchant, to fascinate

Fascinarisne?--Are you fascinated?

Fascinatus est.--He/she/it is fascinated.

Fascinatus sum.--I am fascinated.

Impedio, impedire, impedivi, impeditum--to hinder, to obstruct

Impedisne?--Are you hindering?

Impedit.--He/she/it hinders.

Impedio.--I hinder.

Incipio, incipere, incepi, inceptum--to begin, to start

Incipisne?--Do you begin?

Incipit.--He/she/it begins.

Incipio.--I begin.

Invenio, invenire, inveni, inventum--to find

Invenisne?--Are you finding?

Invenit.--He/she/it finds.

Invenio.--I find.

Loquor, loqui, locutus sum--to speak

Loquerisne?--Do you speak?

Loquitur.--He/she/it speaks.

Loquor.--I speak.

Maneo, manere, mansi, mansum--to remain, to stay

Manesne?--Are you staying?

Manet.--He/she/it stays.

Maneo.--I stay.

Muto, mutare, mutavi, mutatum--to change

Mutasne?--Do you change?

Mutat.--He/she/it changes.

Muto.--I change.

Nego, negare, negavi, negatum--to deny

Negasne?--Are you denying?

Negat.--He/she/it denies.

Nego.--I deny.

Obliviscor, oblivisci, oblitus sum--to forget

Obliviscerisne?--Do you forget?

Obliviscitur.--He/she/it forgets.

Obliviscor.--I forget.

Perficio, perficere, perfeci, perfectum--to complete, to accomplish

Perficisne?--Do you complete?

Perficit.--He/she/it completes.

Perficio.--I complete.

NOUNS

Arcus, arcus (m.)--bow, arch

Auxilium, auxilii (n.)--help, aid

Caligo, caliginis (f.)--darkness, mist

Clementia, clementiae (f.)--mercy, mildness

Contemptus, contemptus (m.)--scorn, disdain

Cura, curae (f.)--care, concern

Delubrum, delubri (n.)--shrine, temple

Desidia, desidiae (f.)--sloth, laziness

Detrimentum, detrimenti (n.)--loss, damage

Euborica Nova (f.)--New York

Exanimatio, exanimationis (f.)--fainting, exhaustion

Fama, famae (f.)--rumor, fame

Fastidium, fastidii (n.)--disgust, distaste

Fides, fidei (f.)--faith, trust, loyalty

Flamma, flammae (f.)--flame

Forma, formae (f.)--form, shape, beauty

Formido, formidinis (f.)--terror, dread

Fortitudo, fortitudinis (f.)--bravery, strength

Furtum, furti (n.)--theft, stealth

Impedimentum, impedimenti (n.)--hindrance, obstacle

Infamia, infamiae (f.)--disgrace, ill repute

Inopia, inopiae (f.)--lack, need, poverty

Lucus, luci (m.)--sacred grove

Macula, maculae (f.)--stain, blemish

Oblivio, oblivionis (f.)--forgetfulness

Supplicium, supplicii (n.)--punishment, suffering

Tenebrae, tenebrarum (f. pl.)--darkness, shadows

ADJECTVES

Acerbus, acerba, acerbum--bitter, harsh

Altus, alta, altum--high, deep

Audax, audacis--bold, daring

Callidus, callida, callidum--clever, crafty

Clarus, clara, clarum--bright, famous, clear

Crudelis, crudelis, crudele--cruel

Dulcis, dulcis, dulce--sweet

Falsus, falsa, falsum--false, deceitful

Formosus, formosa, formosum--beautiful, shapely

Ignotus, ignota, ignotum--unknown

Infelix, infelicis--unlucky, unfortunate

Invisus, invisa, invisum--hated, unseen

Obscurus, obscura, obscurum--dark, obscure

Sollicitus, sollicita, sollicitum--anxious, troubled

Verus, vera, verum--true, real

www.ingramcontent.com/pod-product-compliance
Lightning Source LLC
LaVergne TN
LVHW010031070426
835508LV00005B/296